AF586010

ESSAI

SUR LES MOYENS DE RENDRE

LE RECULEMENT

DES BARRIÈRES

VERITABLEMENT AVANTAGEUX

AU COMMERCE,

Tant intérieur qu'extérieur.

ESSAI

Sur les Moyens de rendre le reculement des Barrières véritablement avantageux au Commerce, tant intérieur qu'extérieur.

LE reculement des barrières, desiré depuis si long-tems, est un des plus grands bienfaits que le commerce puisse recevoir de l'assemblée nationale. Ce grand ouvrage, accompagné d'un nouveau tarif, dans lequel le petit nombre des droits de Traite qu'on croira devoir conserver, sera classé sous des dénominations claires et précises, délivrera les négocians de cette multitude innombrable de droits qui, se croisant en tout sens, sous mille dénominations différentes, venoient embarrasser les spéculations du commerce, arrêter les marchandises dans leur route, occasionner des déboursés énormes, souvent même des saisies et des poursuites que la probité la plus rigoureuse ne pouvoit pas toujours éviter. Mais cette opération, excellente en elle-même, pourra être d'un avantage plus ou moins réel, selon la manière dont elle sera exécutée ; et, dans ce moment précieux, il faut rechercher, avec une scrupuleuse attention, tous les moyens de l'amener au plus grand degré d'utilité dont elle puisse être susceptible.

Je considérerai donc le reculement des barrières dans ses rapports : 1°. avec le passage à l'étranger du produit de nos fabriques.

2°. Avec l'importation des marchandises étrangères, et sur-tout des matières premières.

3°. Avec la circulation intérieure des produits de nos fabriques.

§. I.

L'Assemblée Nationale aura trop véritablement à cœur les grands intérêts du commerce et des fabriques, pour ne pas se rendre avec empressement aux réclamations si longtems négligées, qui sollicitoient la franchise entière de toutes les marchandises fabriquées, expédiées par la France à l'étranger. Espérons que le manufacturier, le négociant n'auront plus à craindre ces interprétations arbitraires des ordonnances et des tarifs qui les forçoient souvent à payer pour ce qui devait être franc, comme je l'ai prouvé il y a quelque tems, et qui n'étoient commodes et indulgentes que pour l'entrée et les évaluations frauduleuses des marchandises étrangères.

La France avoit autrefois avec l'Allemagne des relations de commerce très-étendues; mais les négocians de ce pays, fatigués et des exactions de nos douanes, et des entraves insupportables que la fiscalité apportoit à l'expédition de nos marchandises dont elle auroit au contraire dû favoriser la sortie, tournèrent enfin leurs vues du côté de l'Angleterre dont le gouvernement, ami de l'industrie nationale, semble appeller les demandes des étrangers ou par des gratifications à la sortie des marchandises, ou tout au moins par l'affranchissement de toutes ces formalités gênantes qui en France embarrassent les expéditions presqu'à chaque pas. « Nous aimons beaucoup mieux, disent-» ils, acheter à l'Angleterre, qui paroît avoir » du plaisir à travailler avec nous, et d'où » nos expéditions sortent libres, et même

» avec une gratification, plutôt qu'à la » France dont le gouvernement semble » prendre plaisir à nous gêner, et qui nous » fait payer en raison du profit que nos » achats produisent à ses fabriques. » Et c'est à ces causes bien plus encore qu'au caprice des consommateurs qu'il faut attribuer l'étonnante prospérité des fabriques anglaises, et le dépérissement absolu des nôtres.

Mais si toutes nos marchandises passent franches à l'étranger, il faut bien prendre garde que le plan qu'on adoptera pour les y faire parvenir ne soit une surcharge, une nouvelle gêne plutôt qu'un bienfait, et pour celles qui jouissoient déjà de cette exemption si nécessaire, et même pour la plupart de celles qui étoient assujetties à des droits. Après avoir été visitées et revêtues d'un plomb à la douane du lieu du départ, les caisses d'étoffes, de gazes, etc. etc., parvenoient sans obstacles aux frontières, et n'avoient occasionné que 36 sols de droits, savoir, 24 sols pour l'acquit à caution, et 12 sols pour le plomb. Si au contraire on visite les caisses seulement à la frontière, il en résultera beaucoup de risques et une augmentation de dépenses pour le commerce. Il faudra, après avoir emballé les caisses au lieu du départ, les remballer une seconde fois après la visite des frontières, payer une forte provision à un expéditionnaire dont on aura à craindre la négligence dans le remballage, dans l'arrangement des marchandises qu'il est quelquefois si long et si difficile de bien emballer. On me dira que jusqu'alors les caisses ont ordinairement été reçues aux frontières par des expéditionnaires chargés de les faire passer à l'étranger; j'en conviens; mais ils ne reçoivent pour cet office qu'une très-mince rétribution; et il faudra les payer beaucoup plus cher quand on les chargera de plus de soins.

Le desir du gain, la facilité d'augmenter d'autant plus ses bénéfices qu'il y aura plus de dépenses à porter en compte, introduira parmi ces expéditionnaires l'usage de gratifications aux visiteurs des caisses, sous prétexte d'en obtenir des visites plus indulgentes, ou moins de dérangement des marchandises. Les caisses ne seront-elles réellement ni ouvertes, ni même déballées, l'expéditionnaire ne manquera certainement pas de compter le déballage et le remballage, d'exiger sa provision pour les peines qu'il n'aura pas prises, et sur-tout il n'oubliera pas de se faire rembourser la gratification qu'il aura donnée, ou non, aux visiteurs ; de sorte que l'Assemblée Nationale, voulant faire du bien aux fabriques, auroit effectivement rendu un très mauvais service, et à celles qui expédient actuellement leurs marchandises en exemption, et même à celles qui payent des droits, parce que presque toutes les expéditions peu considérables, et c'est le plus grand nombre, se trouveroient soumises à une infinité de menues dépenses, qui monteroient souvent au-delà de ce qu'il en auroit coûté de droits suivant l'ancien ordre de choses. Un calcul très-simple prouvera la justesse de mon assertion.

Je suppose un fabricant qui expédie annuellement à l'étranger 200 caisses d'une valeur plus ou moins considérables. Il débourse 200 fois 36 sols pour les plombs et acquits-à-caution ; et au moyen de ces 360 l. les 200 caisses vont à leur destination, sans lui laisser la plus légère inquiétude. Il peut même dépenser encore moins, parce que si en un même jour plusieurs caisses ont la même direction, il est le maître de les réunir toutes sous un seul acquit, ce qui ne laisse pas de faire quelquefois une assez forte économie.

Qu'il faille au contraire les adresser aux frontières pour y être visitées, il y aura à payer : 1°. pour la visite et le certificat qui prouvera qu'elle a été faite, et que la caisse peut passer à l'étranger ; probablement cette opération ne sera pas gratuite ; mettons par chaque caisse, 24 sols. . . . . . . 240 l.

A l'expéditionnaire, pour ses soins à la visite et au remballage, en sus de sa provision ordinaire pour le transit, au moins 3 liv. . 600

Gratifications que l'expéditionnaire donnera très rarement aux visiteurs, mais qu'il prétendra avoir donné au moins de trois fois l'une : c'est le moins de 3 liv. . . 200

1040 l.

Il reste les frais de remballage, proportionnés à la grosseur des caisses, et dont l'expéditionnaire ne

De l'autre part . . . . . 1040 l.

fera jamais grace, lors même qu'il n'aura rien déballé : c'est encore au moins 5 liv. par chaque caisse, l'une plus, l'autre moins 1000

2040 l.

Ainsi les fabriques qui jouissent de l'exemption supporteroient un excédent de frais dans la proportion de 36 à 204, et la plupart de celles qui payoient des droits de sortie profiteroient rarement de l'exemption cordée par les nouveaux décrets, parce qu'elle seroit le plus souvent absorbée par toutes les dépenses parasites dont je viens de donner l'apperçu. Sans compter encore tous les accidens auxquels peuvent exposer des visites qui n'auront aucun témoin intéressé, et ces accidens ne peuvent se calculer. Cet arrangement feroit la fortune de trois ou quatre expéditionnaires à chacune des principales villes frontières, mais le commerce y perdroit au lieu d'y gagner.

On m'a objecté que même actuellement les caisses n'étoient pas exemptes d'être visitées aux frontières, quoiqu'elles l'eussent déjà été au lieu de leur départ, et qu'ainsi ce ne seroit dorénavant qu'une visite au lieu de deux ; que d'ailleurs cette seconde visite des frontières ne se faisant presque jamais, il y avoit tout à croire qu'elle ne se feroit pas davantage à l'avenir, et qu'on serait dans le fait entièrement délivré de toute visite. Mais je répondrai que cet examen se fera, et qu'il est même très nécessaire pour le commerce qu'il se fasse avec attention. Les douaniers des sorties regardent avec raison comme inutile de visiter des caisses qui l'ont déjà été au lieu du départ, et dont le plomb bien entier leur prouve qu'on n'a pas pu en changer le contenu. Mais quand aucun examen préalable n'aura eu lieu, certainement rien ne pourra dispenser de les visiter au passage. D'ailleurs quand les caisses resteroient intactes, je l'ai déjà dit plus haut, et je crois très-à-propos de le répéter encore, les expéditionnaires auront grand soin de compter tous les menus frais que l'ouverture et le remballage eussent pu occasionner. Il est reconnu que l'interêt national exige que certaines matières premières ne puissent sortir du royaume, ou qu'elles n'en sortent qu'avec des droits assez considérables pour faire disparoître l'avantage que les spéculateurs pourroient trouver à leur exportation ; il faut donc bien examiner les balles et les caisses avant leur sortie, soit aux frontières, soit au lieu du départ, car la cessation des visites faciliteroit l'exportation des matières premières, et la prohibition subsistant toujours sur ces objets, aiguillonneroit cependant le desir de les faire passer à l'étranger.

L'Assemblée Nationale seroit juste et bienfaisante envers tous, elle n'empireroit pas le sort des fabricans dont les marchandises sortent en exemption, et feroit véritablement l'avantage de ceux qui avec autant de titres à la protection nationale, payoient néanmoins de gros droits, si elle consentoit à autoriser un mode d'expédition qui donnât la facilité de faire sceller au lieu de leur départ, les caisses expédiées à l'étranger, et d'être assuré qu'elles ne seroient plus ouvertes qu'à leur destination. Le moyen est très-simple ; rien ne seroit plus facile que d'établir, non pas des douanes, mais des bureaux de visite dans les principales villes de commerce et de fabrique, telles que Paris, Lyon, Amiens, Rouen, Saint-Quentin, Abbeville, etc. etc. Ces établissemens seroient au moins défrayés par une très-modique rétribution pour le plomb et le certificat de visite. Les villes peu commerçantes ne pourroient murmurer de cette institution favorable au commerce, et qui ne leur feroit aucune espèce de tort. Par cet établissement extrêmement simple et qui n'auroit lieu que dans les endroits où le droit de visite pourroit défrayer le bureau, on rendroit à toutes les classes du commerce un service inappréciable.

§. II.

Il conviendra de faire, pour les marchandises étrangères, une distinction qu'il ne sera pas aisé de parfaitement établir. Les unes, nécessaires pour alimenter les fabriques et l'industrie nationale, devront entrer librement ; leur introduction devra même être jusqu'à un certain point encouragée ; telles sont les cotons bruts, les soies les laines, etc. La France pourroit, il est vrai, recueillir chez elle assez de laines et de soies pour ses fabriques, et même pour en vendre à l'étranger ; mais en attendant que les progrès de l'agriculture aient multiplié ces précieuses matières autant qu'elles peuvent l'être (1), on ne peut se dispenser de laisser aux fabriques la possibilité de suppléer à ce que le pays ne peut leur fournir.

---

(1) Il existe un moyen d'opérer dans les soies une révolution importante. M. Villard, savant du plus rare mérite, qui avoit consacré toute sa vie à la recherche des moyens de les perfectionner, avoit imaginé et exécuté deux tours, dont la précision et la simplicité ne peuvent être assez admirées. Avec ces tours, dont j'ai long-temps suivi le travail, tous les défauts qu'on reproche ordinairement aux soies, sont naturellement évités, presque sans efforts, j'oserais même dire, presque sans la participation des fileuses. Il est mort sans avoir eu la consolation de voir répandre l'usage de ses machines infiniment supérieures à celles de M. de Vaucanson, qui ont fait tant de bruit dans leur nouveauté. M. Villard fils, héritier du zèle de son père pour les sciences, conserve ces précieuses machines, et attend des circonstances plus favorables, pour les faire connoître comme elles le méritent.

D'autres, en quelque façon étrangères à la France, et devenues nécessaires par l'habitude d'en faire usage, pourroient entrer avec franchise sans qu'il en résultât aucun inconvénient réel, si les besoins publics ne nécessitoient impérieusement de les charger de quelques droits.

D'autres enfin, en concurrence immédiate avec celles qui font vivre nos ouvriers et entretiennent notre industrie et nos fabriques, doivent être ou défendues absolument ou chargées de droits proportionnés au tort que leur industrie peut faire aux fabriques du pays. C'est un beau rêve que celui de quelques écrivains qui ne connoissant le commerce que par théorie, voudroient liberté et franchise absolue tant sur l'entrée que sur la sortie de toute espèce de marchandise nationale et étrangère. Ce seroit, certes, une idée bien grande, bien noble, si on étoit assuré d'une entière réciprocité, mais en attendant que nos voisins eussent le bon esprit et la générosité de tenir la même conduite, on verroit s'opérer la destruction entière de nos fabriques qui sont depuis longtems à deux doigts de leur ruine.

Je n'entrerai pas dans l'examen détaillé des marchandises qu'il faudroit admettre ou prohiber, de celles qu'il conviendroit de laisser entrer moyennant un droit plus ou moins considérable; le moment n'est pas encore venu, et ce doit être le sujet de sérieuses réflexions.

Je me bornerai à quelques observations sur les soies considérées comme matières premières.

Les soies étrangères payent à la ville de Lyon un droit de vingt-deux sols par livre environ. L'intérêt des fabriques demande que ce droit ne soit pas perçu exclusivement à Lyon, et exigeroit même qu'il fût entièrement aboli. Car pourquoi a-t-il été établi? très certainement pour l'intérêt du fisc; et en apparence pour rendre plus avantageuses et plus faciles les ventes des cultivateurs qui s'occupent de l'éducation des vers à soie; il est cependant incontestable que quand les organsins de Piémont, les soies grèges et organsins d'Italie, etc. ne payeroient pas vingt-deux sols par livre à la ville de Lyon, certainement les vendeurs d'organsins, de soies grèges des diverses provinces

vinces de France, n'en débiteroient pas moins leurs soies, qui sont toujours recherchées avec empressement, et dont le grand défaut est de se faire en trop petite quantité. Cette suppression de droits faisant pour le fabriquant, sur certaines soies, une diminution d'environ 3 pour $\frac{0}{0}$, lui donneroit d'autant plus de moyens de soutenir la concurrence des fabriques étrangères, et feroit même l'avantage des vendeurs des soies de France, auxquels la multiplicité des affaires procureroit un débit encore plus facile.

Si on laisse subsister tout ou partie de ce droit sur les soies, il est nécessaire de n'en pas attribuer la perception à la ville de Lyon, qui ne conserve plus même aucun prétexte pour demander la continuation de ce bisarre privilége. Cette ville étoit autrefois en France presque la seule qui consommât des soies, on crut qu'il convenoit d'astreindre le petit nombre des autres fabriques à lui payer, pour ainsi dire, une espèce de tribut, et qu'en outre, pour éviter les introductions frauduleuses, il étoit à propos de faire arriver toutes les soies à Lyon, pour y acquitter les droits. Mais, depuis ce tems, les progrès de l'industrie et du commerce ayant rendu d'autres villes, telles que Paris, Tours, Nîmes, etc., les dignes émules de cette ville commerçante, il est indispensable que toutes soient traitées d'une manière égale ; et les arrangemens particuliers pris par le fisc avec la ville de Lyon, se trouvant détruits par le nouvel ordre d'administration, le traité relativement à l'impôt des soies tombe de lui-même.

Je demande donc que les soies étrangères puissent entrer par tous les bureaux des frontières de la France indistinctement, et qu'elles ne soient assujetties à aucun droit d'entrée ; ou bien, que si on croit devoir laisser subsister une redevance quelconque, pour donner aux vendeurs des soies de France l'avantage de la concurrence, on la réduise à un droit unique de 10 sols par livre pesant, sans sols pour livre, ni autres accessoires.

I I I.

Il me reste à parler de la circulation des marchandises françaises dans l'étendue du royaume. Je n'examinerai point s'il faudroit décharger de redevances même les comestibles de toutes espèces ; et si le systême d'imposition le mieux combiné, ne seroit pas celui qui, consistant presqu'entiérement en contributions directes, seroit d'une perception infiniment simple, sans être cependant à charge au propriétaire; puisqu'en vendant les produits de son fonds, celui-ci ne manqueroit pas de se décharger sur le consommateur de la somme qu'il auroit payée en contribution annuelle. Je sais qu'on a répondu que ce seroit mettre un impôt sur le pain, mais assez d'autres, plus instruits que moi, sauront combattre et cette assertion, et les sophismes que les détracteurs de cette grande conception ne manquent pas de lui opposer. Je me contente de joindre mes vœux à ceux des amis du bien public, pour que les énormes impositions perçues à l'entrée de quelques-unes des principales villes de France soient de beaucoup réduites. On sait très-bien qu'il ne faut plus que désormais les campagnes soient sacrifiées aux villes ; mais un autre excès ne seroit pas moins dangereux, et les villes ont autant que les campagnes quelques droits à participer aux avantages de la prochaine diminution des impôts, et sur-tout les habitans peu aisés, qui proportionnellement sont les plus accablés sous le poids des impositions indirectes. Il n'est pas de mon sujet de m'étendre davantage sur cette matière. Je me bornerai à considérer quel est l'effet des impôts relativement à la circulation des produits de nos fabriques.

Les impositions qui pèsent sur nos marchandises peuvent se diviser en deux grandes branches ; les unes, sous le nom général de droits de traites, se perçoivent ou pour le trésor public, ou ci-devant pour le compte de quelques princes apanagistes, etc. ; les autres, sous le nom d'entrée des villes, ne sont cependant que dans une très-foible portion réservées pour subvenir aux dépenses de ces villes. Je passe sous silence les droits de péage et autres du même genre, dont, graces à l'assemblée nationale, il n'existera bientôt plus de traces en France.

Les droits de traite intérieure ne sont pas moins funestes au commerce que ceux sur l'exportation ; mais il est presque certain qu'ils vont être ou supprimés, ou infiniment réduits, et sur-tout simplifiés dans un nouveau tarif.

Les droits d'entrée des villes sont moins sensibles sur ce qu'on appelle marchandise de commerce, que sur les comestibles et autres objets de consommation journalière; mais composés d'une foule de petits droits réunis, la perception en est extrêmement pénible, et, je crois, la comptabilité très-embarrassante. S'il est indispensable qu'il existe des droits pour subvenir aux dépenses locales, soit des municipalités, soit des districts ou des départemens; au moins pourroit-on les ramener à la moindre somme possible, et sur-tout les réduire à une dénomination unique.

Qu'est-il besoin de faire sept divisions pour les 51 sols du droit de domaine qui se perçoit par chaque quintal sur les fils à l'entrée de Paris? Domaine, poids-le-Roi, offices supprimés, don-gratuit, dixième pour les hôpitaux, halle et garde, et par-dessus tout 10 sols pour livres. Ce fatras de dénominations accumulées effraie le contribuable, qui ne sait jamais s'il paie précisément ce qui est dû, et qui auroit beaucoup moins de répugnance à acquitter un droit presqu'égal, mais unique.

L'Assemblée Nationale ne s'occupe pas encore de ces droits d'entrée ; mais elle croira sûrement qu'il est extrêmement nécessaire d'y donner bientôt son attention.

S'il etoit possible de se borner à un droit modique pour l'entrée des villes, et de supprimer toute autre redevance qui peut gêner la circulation, on rendroit un service important au commerce ; car les impositions sur les marchandises sont toujours ruineuses : ou elles diminuent la consommation intérieure, ou, ce qui est bien pire, elles portent un préjudice notable au commerce d'exportation. La plupart des marchandises expédiées dans les grandes villes, qui sont celles où les contributions sont les plus élevées, sont destinées à passer plus loin, ou même à être réexpédiées à l'étranger : or, toute imposition en augmente le prix sans en augmenter la valeur réelle, la concurrence ne peut plus se soutenir, l'étranger retire ses commissions, et les liaisons de commerce se détruisent. On a la ressource des expéditions par transit, pour éviter de payer les entrées, et même les droits de traite sur certains objets, lorsqu'ils passent à l'étranger ; mais cette opération ne peut avoir lieu que pour des balles, des caisses entières, des objets qui n'ont pas besoin d'être divisés, et qui peuvent sur le champ passer à leur destination.

Si on commet, dans diverses fabriques, des marchandises pour être réexpédiées à plusieurs commettans, il est indispensable de se les faire adresser pour les examiner, les vérifier et les partager ensuite à chacun de ses correspondans. Pour les faire passer par transit, et ne pas payer les droits, il faudroit faire partir de chez chacun des fabriquans autant de caisses qu'il y auroit de commettans à satisfaire, ce qui est impraticable et décupleroit les frais de port, d'emballage et d'expédition. D'ailleurs quelquefois un commettant intermédiaire est dans la nécessité de recevoir réellement ses marchandises, pour leur faire subir quelque main d'œuvre nouvelle qui les enjolive, en augmente le prix, et accroit d'autant les produits de l'industrie nationale.

Il est évident que toutes ces circonstances

rendent souvent impraticable l'usage du transit. Il seroit d'un autre côté à peu près impossible de reserver les droits de ce qui devroit être réexpédié , car on ne pourroit constater exactement quelles pièces , quels objets seroient réexpédiés , ni suivre les diverses marchandises dans leurs subdivisions , et dans les espèces de métamorphoses que l'industrie humaine leur fait éprouver.

Quelques-uns, pour examiner leurs marchandises, ne laissent pas d'ouvrir leurs caisses au passage, bien qu'elles soient scellées du plomb de la douane ; mais toute innocente que soit cette opération , elle n'en est pas moins une espèce de ruse , une contravention réelle qui peut exposer à être poursuivi comme fraudeur, lorsqu'on n'aura cependant eu aucune intention coupable. Il est bien important que par des loix trop gênantes le législateur ne force pas , pour ainsi dire , à des actions qui , quoiqu'indifférentes en elles-mêmes , sont néanmoins un délit contre ces mêmes loix. Toute contravention aux mauvaises loix amène le mépris et la violation même de celles qui sont les plus nécessaires et les plus respectables.

J'ajouterai ici trois observations que je ne crois pas déplacées.

1°. Les droits ont toujours été assez modérés lors de leur création, et c'est par des accroissemens successifs qu'ils furent portés à des taux ruineux. On osoit bien plutôt mettre des sols pour livre qu'augmenter le principal du droit. Cette espèce de supercherie heurtoit moins l'imagination du contribuable accoutumée à se porter sur le principal du droit, et flattée d'ailleurs de l'espérance de voir les accessoires disparoître après l'expiration du terme pour lequel ils avoient été établis.

L'assemblée nationale ne voudra plus que les peuples soient ainsi abusés, et il conviendra peut-être de décider qu'en général les impositions de toute espèce seront sans aucun accessoire ; que si des besoins ou quelques circonstances particulières forçoient d'augmenter un impôt, on en augmenteroit le principal, sans jamais avoir recours à cet expédient si facile et en même tems si perfide des dixièmes, des sols pour livres, et autres taxes additionnelles qui, quelquefois ont excédé le droit principal, et qui ont donné lieu à tant de malversations.

2°. C'est une règle constante, une espèce d'axiome pour les agens du fisc, que partout où la loi ne prononce point d'exemption, il faut qu'il se perçoive un droit quelconque. Un tel principe viole ouvertement toute équité, et dans les décrets qui établiront les impositions indirectes, il y a lieu de croire qu'il sera clairement statué que les seuls objets énoncés dans les décrets pourront être astreints aux droits prescrits, sans que jamais on puisse se prévaloir du silence de la loi pour mettre à contribution ce qui ne seroit pas nommément imposé.

3°. Si les mœurs ne s'épurent, c'est en vain que nous cherchons à faire disparoître les abus, c'est inutilement que nous changeons la forme de notre administration. Aussi l'assemblée nationale, pénétrée de cette grande vérité, a-t-elle fait ce qui étoit en elle pour écarter les moyens de corruption qui toujours ont environné les gens en place : elle leur a défendu de recevoir, sous aucun prétexte, le moindre de ces présens qui, sous mille formes, venoient ci-devant les éblouir, et trop souvent les corrompre. Il seroit bien nécessaire d'étendre cette disposition par un décret formel, jusqu'aux agens du fisc, et sur-tout jusqu'aux préposés à la perception des impositions indirectes. Je ne cherche point à faire des reproches particuliers à aucun d'entr'eux, un tel procédé seroit autant inutile que déplacé ; mais il est aisé de sentir combien une telle décision seroit salutaire, et combien on éviteroit de fraudes si ces gratifications, dont l'usage n'est que trop général, étoient sévérement défendues.

OBSERVATIONS

Sur un droit très-onéreux aux Fabriquans de Gazes de Paris.

Les fabriquans de gazes de Paris n'ont point importuné l'assemblée nationale de leurs pétitions, de leurs réclamations. Dans quelqu'état déplorable que soit leur commerce, ils ont souffert en silence, et pleins de confiance en la sagesse des travaux de l'assemblée, ils ont attendu des circonstances, le retour d'une partie de leur ancienne prospérité. Mais à l'époque d'un changement total dans le système des impositions, ils ne peuvent se dispenser de rompre le silence, et de demander la suppression d'un droit qui pèse particulièrement sur eux, et qui d'ailleurs par sa nature doit disparoitre avec tous ceux qui gênent la circulation.

Les gazes de Lyon, d'Angleterre, celles des atteliers élevés dans la Picardie par les fabriquans de Paris, paient outre le droit de domaine ou entrée de ville, ci-devant indiqué, un autre droit fixé par arrêt du conseil du 3 juillet 1781, à deux deniers par aune sur toutes largeurs et qualités. En y ajoutant les sols pour livres, les doubles transports et autres accessoires, l'imposition s'élève à environ six deniers par aune. Cette somme qui paroît bien petite, n'est effectivement rien sur les gazes angloises dont le prix est assez élevé, sur celles de Lyon qui valent jusqu'à 7 l. l'aune, et dont le plus bas prix, au moins pour celles qui viennent à Paris, est de 38 ou 40 sols. Mais pour les gazes de Picardie, dont la plupart ne valent en entrant à Paris que 9 à 10 sols l'aune, c'est une charge d'environ 5 pour cent. De sorte que les fabriquans deParis portent tout le poids de cette imposition qui sembleroit avoir été établie en leur faveur, comme celles dont le prétexte a été de laisser l'avantage de la concurrence aux fabriques du pays.

Elle n'est pas dans la classe de celles qui devront être conservées pour l'entrée des villes. C'est un droit de régie dont les marchands merciers ont la perception à la halle aux draps, et qui disparoîtra avec les droits de hallage, etc. etc.

Malgré la clarté de cette conséquence, les fabriquans croient qu'il est de leur devoir de bien faire appercevoir cette distinction, afin que par une mauvaise interprétation des décrets, par cette tendance naturelle à toujours décider en faveur du fisc, on ne prétende pas par la suite que ce droit n'a pas été nommément supprimé par les décrets.

On croit inutile de faire sentir ici combien il étoit absurde de faire percevoir par les marchands merciers qui ne fabriquent rien, une contribution sur le produit de l'industrie des fabriquans de gazes. Le droit étant supprimé, il n'y aura plus de plainte à faire sur le mode de perception.

Les fabriquans de gazes de Paris demandent que les gazes de Picardie, de Lyon, etc. parviennent à Paris sans aucune entrave et sans payer de droits particuliers ; et qu'aussi celles de Paris entrent à Lyon, etc. sans y payer ce droit excessif d'environ quatre livres par livre pesant auxquels elles sont assujetties. Quant aux gazes d'Angleterre, si on tolère leur introduction, l'assemblée nationale examinera s'il convient de leur faire payer à l'entrée des villes quelques droits particuliers, ou si elles ne devront pas circuler librement après qu'il aura été pris d'exactes précautions pour que les droits qu'elles acquitteront aux frontières soient dans une proportion parfaitement relative à leur valeur réelle, et pour que les marchandises étrangères de toute espèce ne soient pas comme, actuellement, imposées d'après une évaluation entièrement à la disposition du contribuable, et qu'on a la facilité de réduire quelquefois à moins du douzième de la réalité (1).

Les fabriquans de Paris espèrent qu'une réclamation aussi simple et aussi précise sera écoutée.

Ce droit leur est d'autant plus à charge, qu'il les assujettit chaque semaine à des

---

(1) Jamais on ne pourra se précautionner entiérement contre les déclarations frauduleuses des marchandises étrangères, lorsqu'elles seront faites à la valeur. Jamais on ne pourra prouver bien évidemment que tel objet déclaré 3 livres vaut 4 livres 10 sols. Un moyen bien simple pour prévenir les fraudes de cette espèce, au moins sur les gazes et les rubans anglais, seroit de les faire payer au poids aprés avoir fixé, sur des appréciations bien combinées, la valeur moyenne d'une livre de ces deux sortes de marchandises. Si on eût daigné consulter les fabriquans lors de la confection du traité de commerce, on auroit pu éviter cette école et beaucoup d'autres.

Lorsque sur les bruits de la négociation de ce traité, les fabriques, le commerce ont voulu parler, les mêmes gens qui depuis ont osé publier que les fabriques, le commerce avoient été consultés, ces mêmes gens ont répondu (j'en suis le témoin actif) qu'on savoit ce qu'il falloit faire, que tout seroit arrangé pour le mieux, et à l'avantage de tous, et c'est cela qu'on appelle avoir consulté le commerce.

courses multipliées et à des pertes de tems considérables ; et son rapport annuel n'est pas assez important pour en rendre la suppression onéreuse au trésor public.

Je ne connois pas le rapport du comité d'agriculture et de commerce sur le reculement des barrières, il n'est pas encore imprimé au moment où j'écris ceci, et j'ai seulement lu le projet de décret inséré dans un journal. J'ai cru qu'il étoit de mon devoir de communiquer les réflexions que l'expérience et sur-tout l'ennui des vexations m'ont suggérées ; je serai trop heureux si quelques-unes de mes idées se rapportent avec celles du comité, et je serai certain qu'au moins sur ces points j'aurai rencontré la vérité que j'ai cherchée de bonne foi.

Ant. Aug. Renouard,
De la société des amis de la Constitution.

A PARIS, de l'Imprimerie de Chalon, rue du Théatre Français. Septembre 1790.

www.ingramcontent.com/pod-product-compliance
Lightning Source LLC
LaVergne TN
LVHW052016160826
845678LV00003B/1073

* 9 7 8 2 3 2 9 6 4 2 5 0 5 *